# KINDER KÜNSTLER KRITZEL BUCH

*Anmalen · Weitermalen · Selbermalen*

FÜR DICH!

**Labor Ateliergemeinschaft**
Philip Waechter · Anke Kuhl · Christopher Fellehner
Natascha Vlahović · Kirsten Fabinski
Moni Port · Claudia Weikert · Zuni Fellehner · Jörg Mühle

**BELTZ & Gelberg**

# DAS BIN ICH.
↙

_____  _____
NAME                    ALTER


_____  _____
DATUM                   UNTERSCHRIFT

UND SO SEHE ICH AUS, WENN ICH **GROSS** BIN.

Alle Hasen haben Ohren, aber Holger hat die größten.

Meine Lieblingspizza.

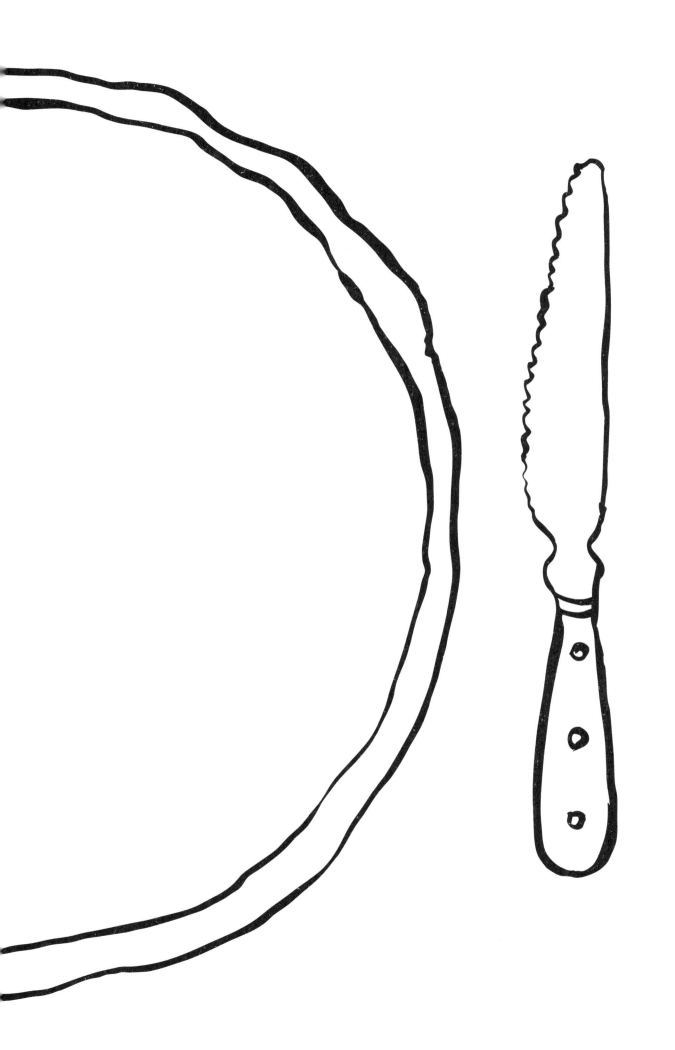

# Ein außergewöhnliches Reittier!

Und wer muss hier so dringend duschen?

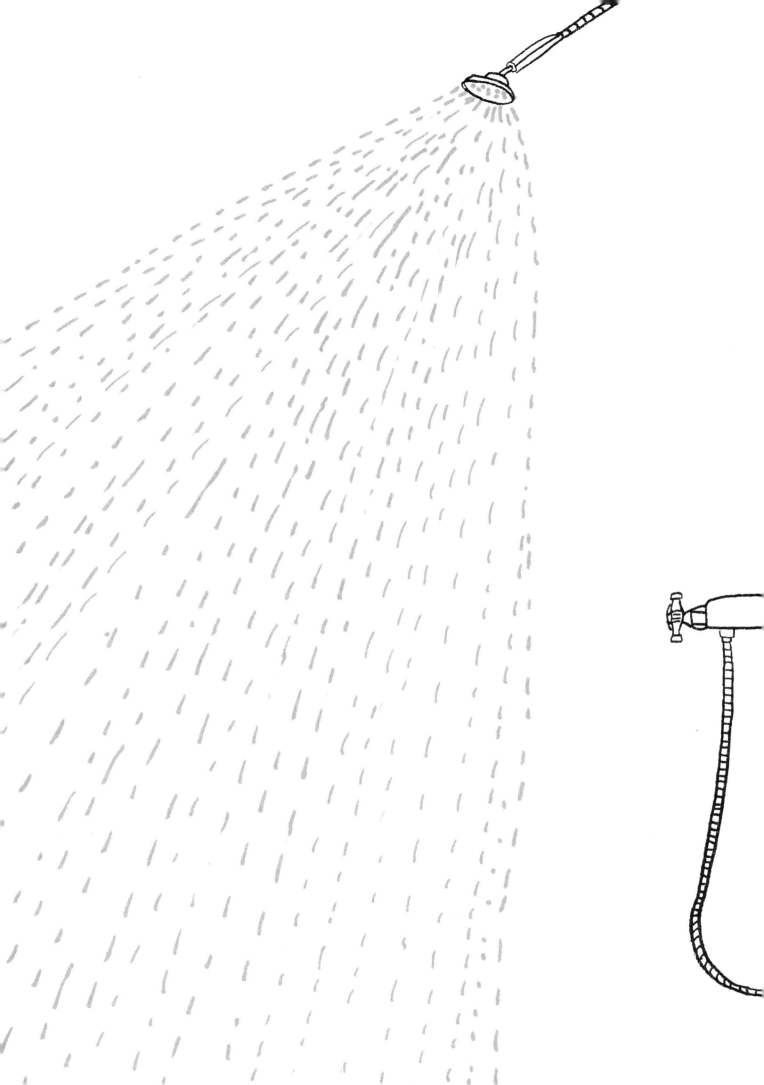

Doris und Dietmar haben ein süßes Baby gekriegt. Wem sieht es ähnlich?

Ameisenstraße: Ameisen können ein Vielfaches ihres eigenen Gewichts tragen.

Stinkfußindianer in voller Kriegsbemalung.

# Das schnellste Auto gewinnt!

Wie liegt das Küken im Ei?

Und das Krokodil?

Die Aussicht ist wirklich unglaublich.

Was passiert in der Maschine?

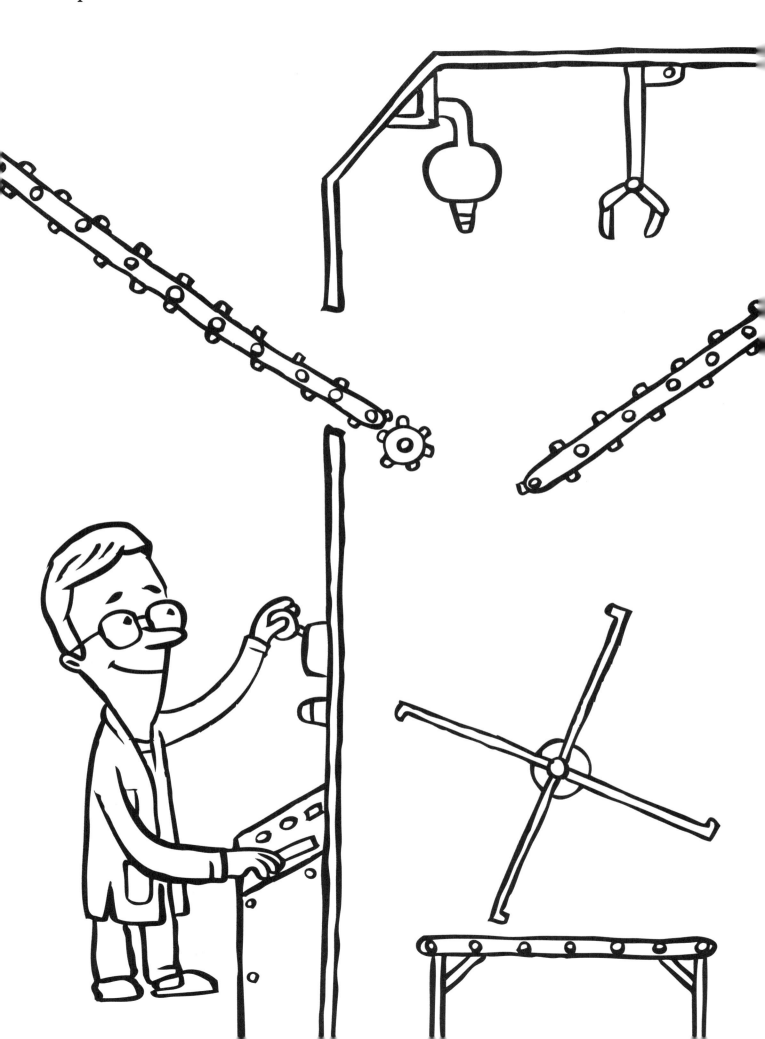

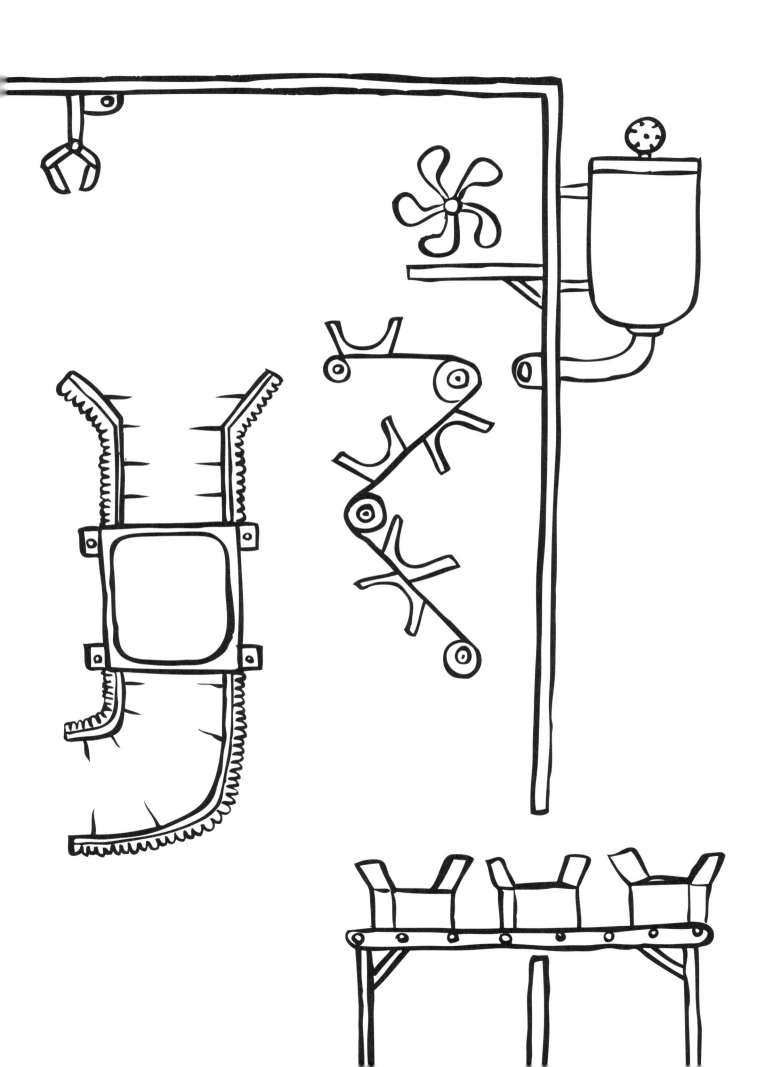

Nach dem Regen blüht die Wüste...

Unter dem Boot schwimmen ganz viele Fische! Oder?

# Wer wagt es, die Ritterburg anzugreifen?

Pferde springen wirklich über alles...

# Wo liegt der Schatz?

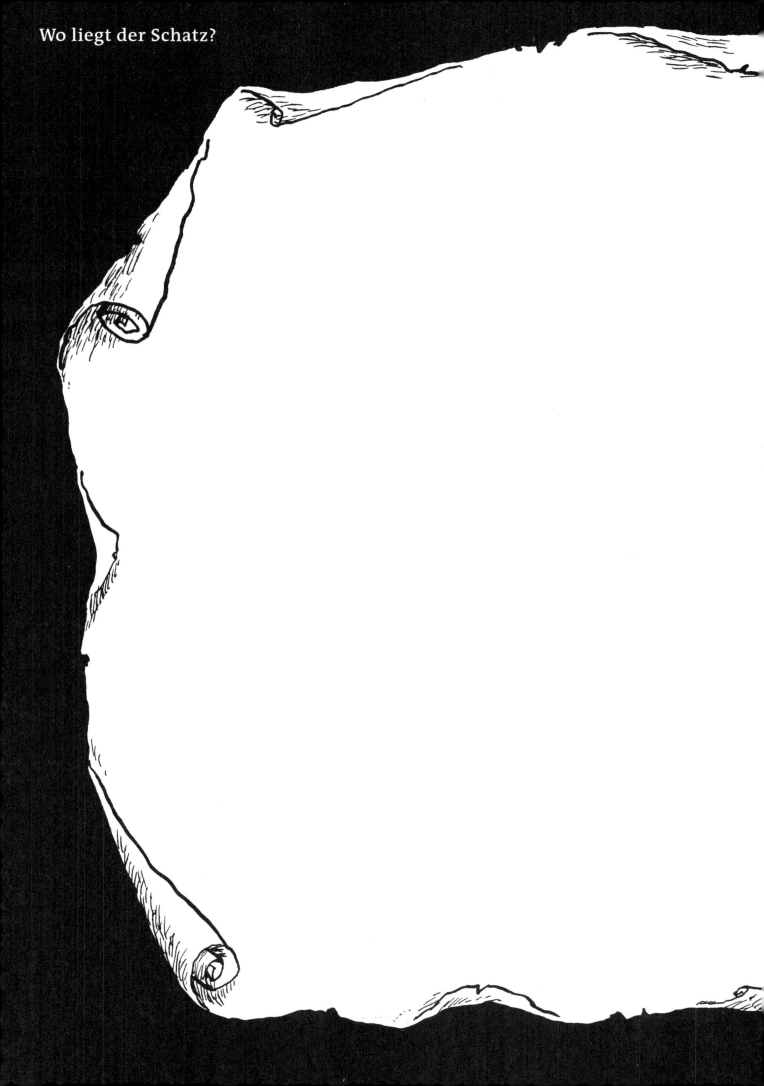

Und wie sieht dein Kuscheltier aus?

# Indianerüberfall! Achtung, Pfeile!

Wie sieht eigentlich ein Pups aus?

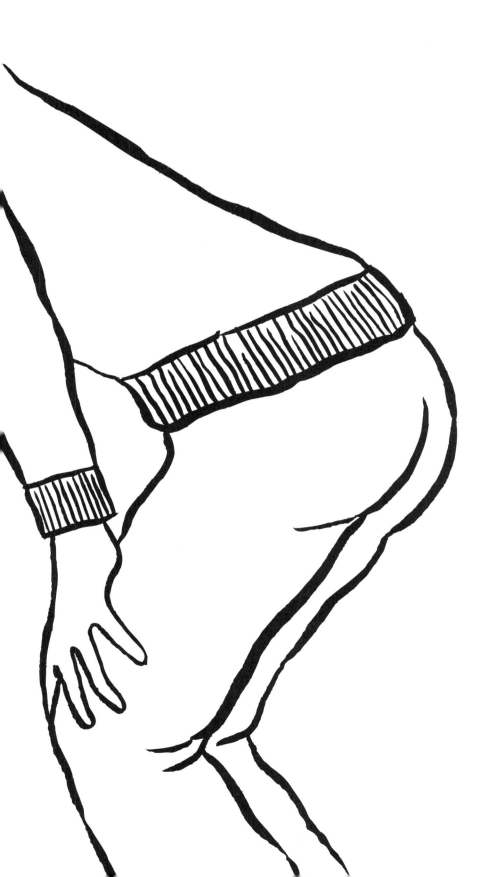

Was wird hier gebaut?

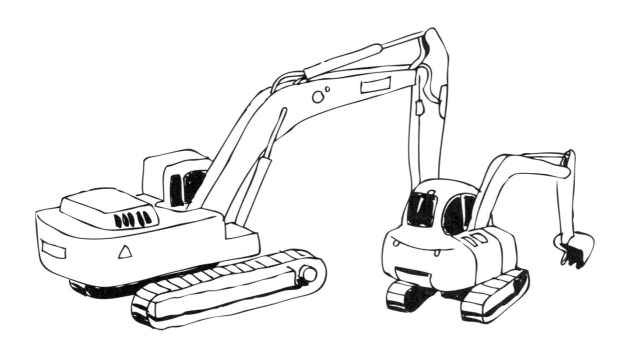

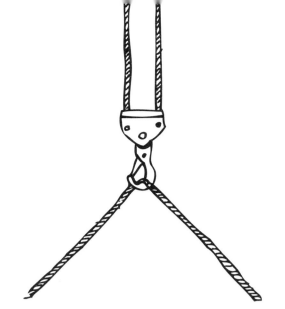

Paradiesvögel sind die schönsten von allen.

Dr. Wunders Spezialtinktur hilft bei Haarproblemen.

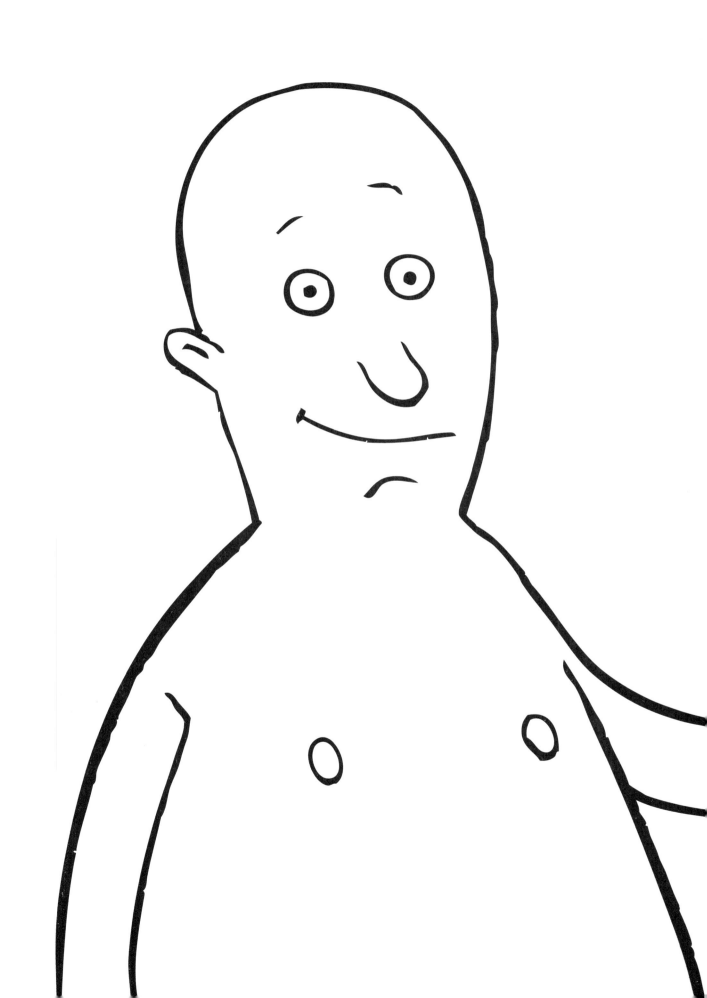

Nanu, wer wohnt denn hier?

Diese Dame liebt alles, was Punkte hat.

Oh Mist! Das Nilpferd hat versehentlich den Tierpfleger verschluckt!

Frosch hat alles vorbereitet. Wo bleiben die Gäste?

Was wächst denn hier?

Kater mag Muster. Er wünscht sich für jede Wand eine andere Tapete.

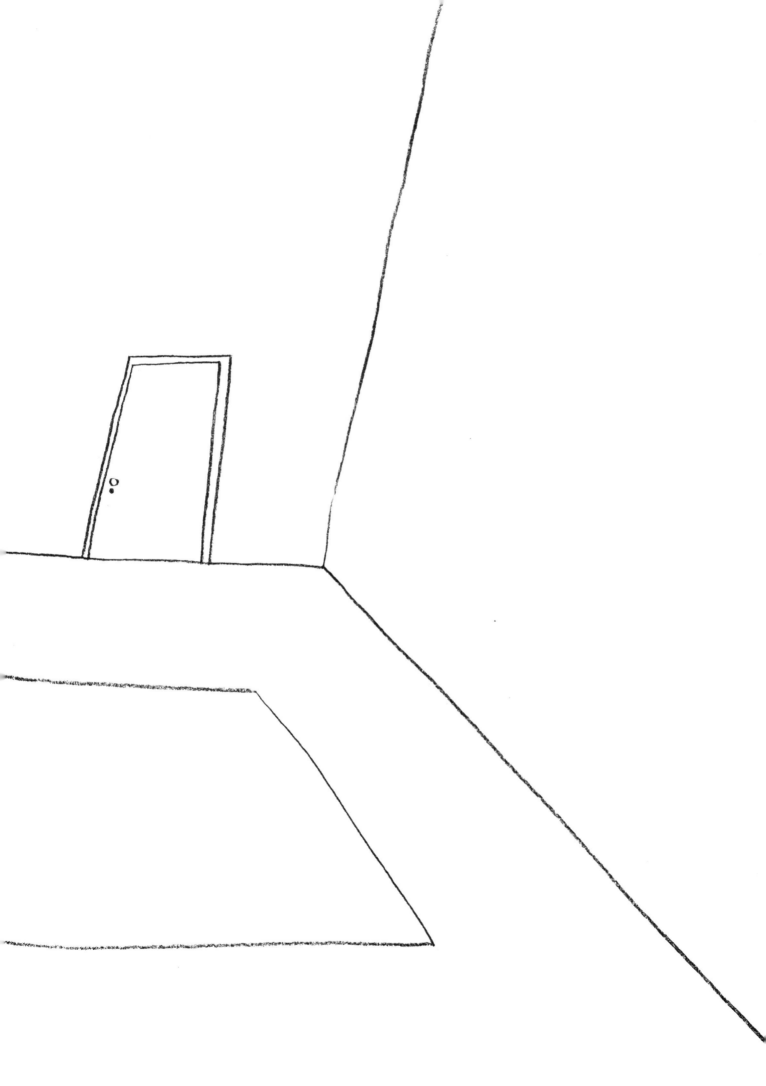

# Was für ein Gewitter!

Im Zoogeschäft.

Auf meinem Butterbrot mag ich am liebsten ...

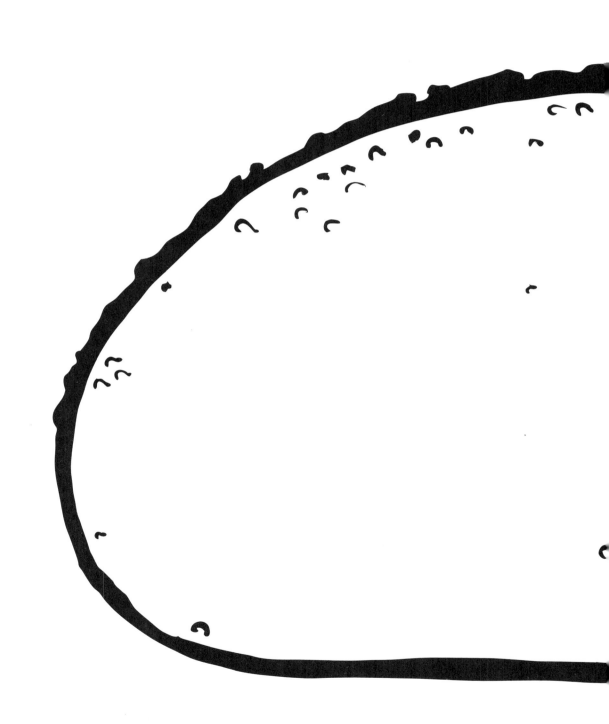

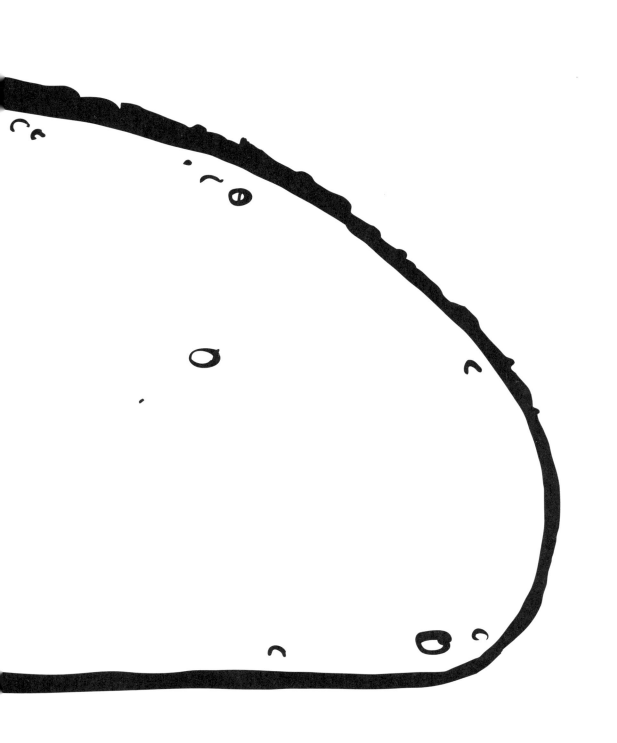

Hier fehlt was!

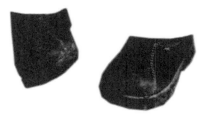

Wohin schießt du den Elfmeter?

Superhelden brauchen Superkostüme. Superdringend!

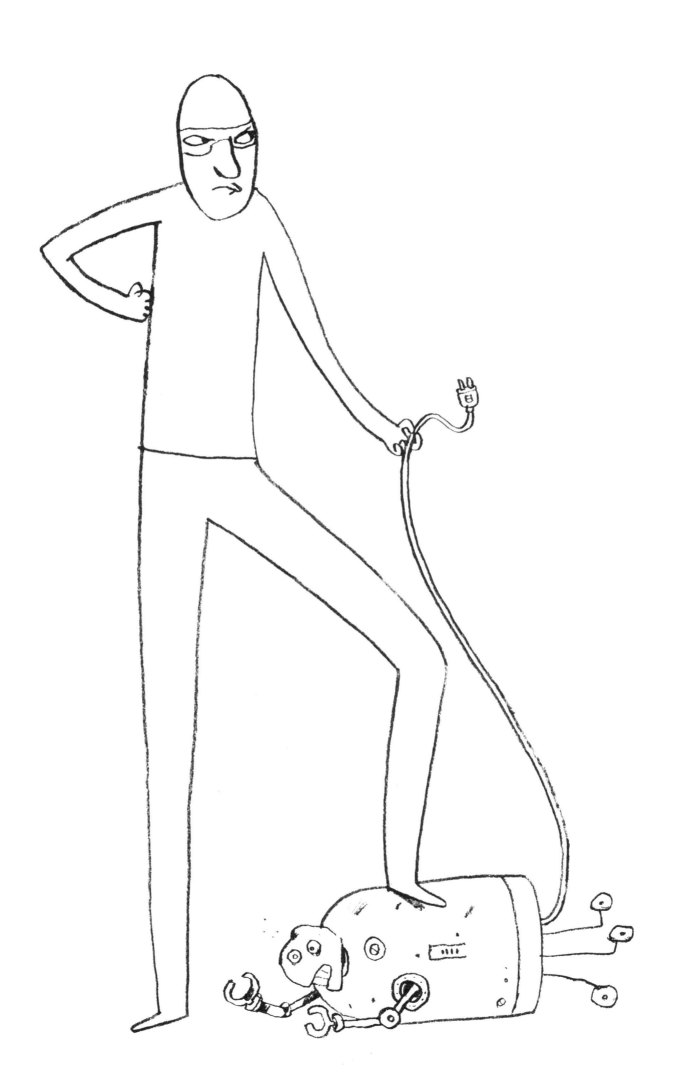

Und wem winken Reiner und Rolf?

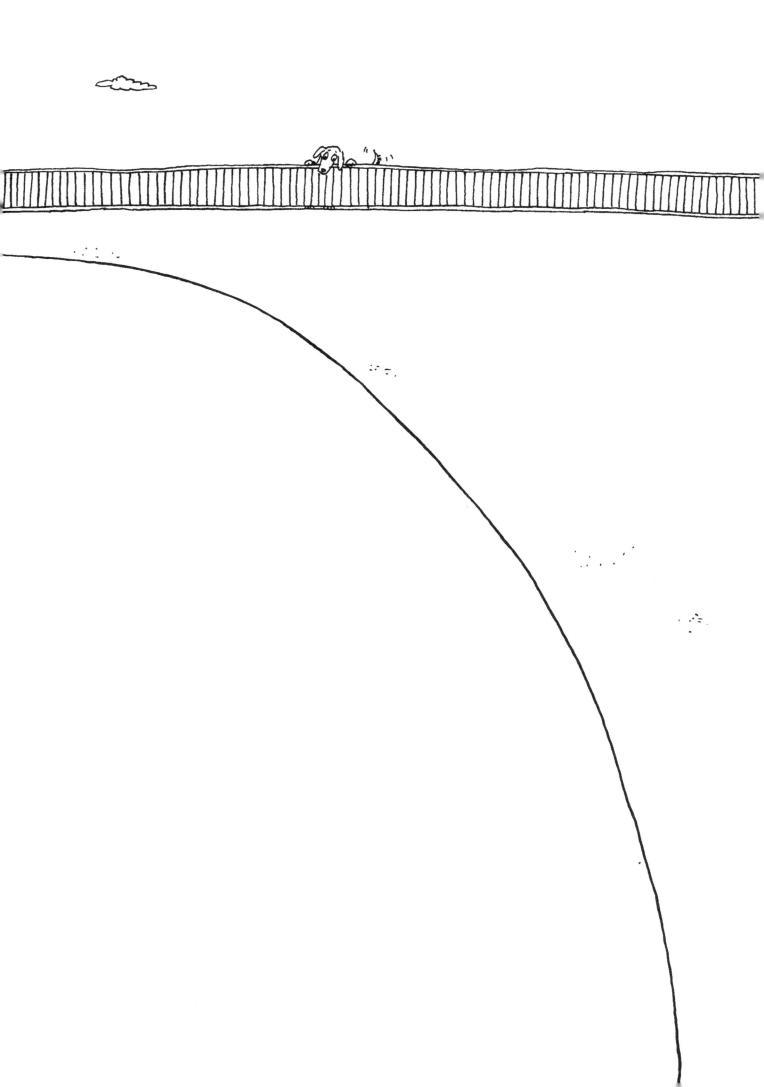

Ganz viele kleine, tapfere Drachenkämpfer werden die Bestie besiegen!

# Die schönsten Schmetterlinge der Welt!

# Was für ein Angebot!

Das Treffen der wild gemusterten Fische.

Wände anmalen erlaubt!

Baby hat Spinat gegessen.

# Das hässlichste Bild der Welt!

Alle wollen von Martin tätowiert werden.

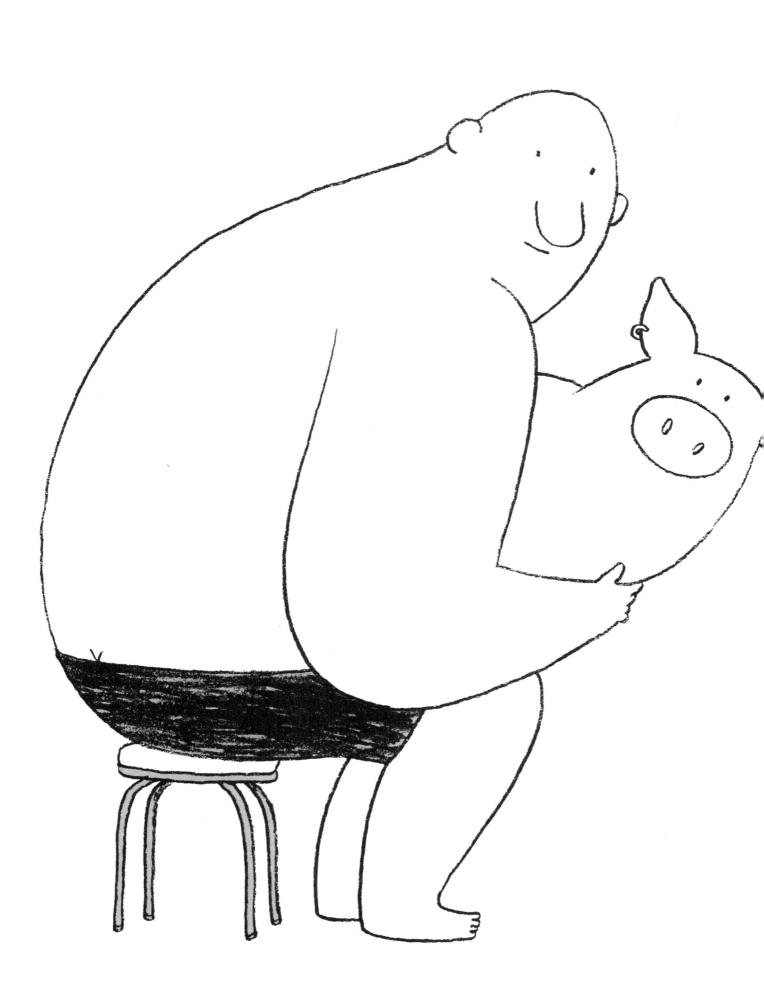

Was für ein tolles Feuerwerk!

Uff, hilfst du mir beim Fertigbauen?

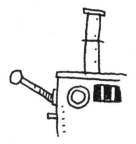

Der Pfau schlägt heute sein schönstes Rad.

Am liebsten krault Max...

Am liebsten krault Max...

Alle Vögel sind schon da!

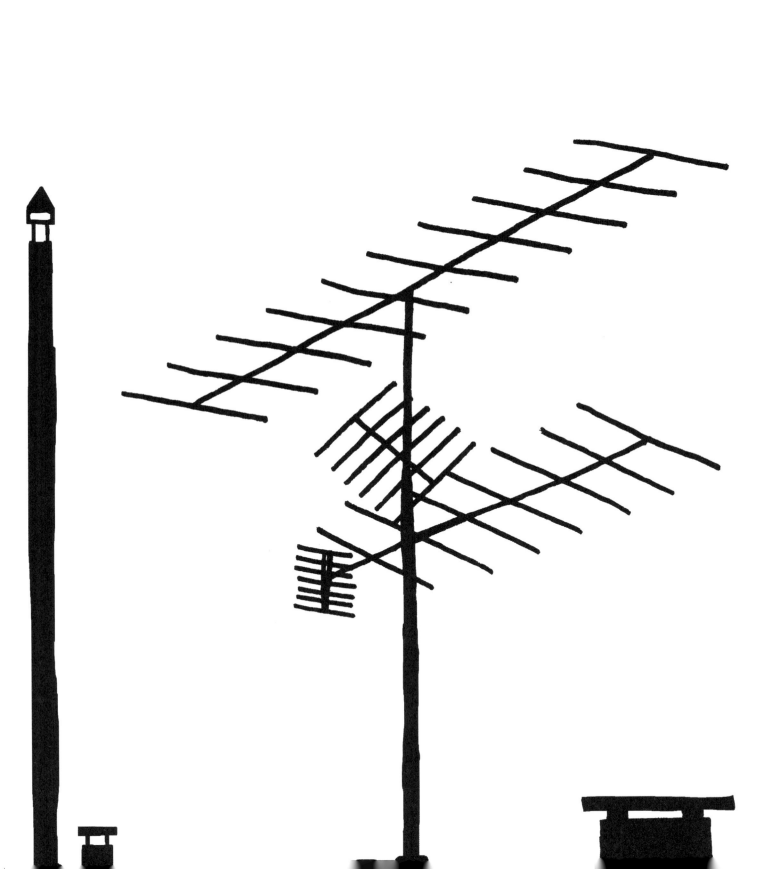

Der Club der Schnurrbartträger.

# Alle tanzen!

Heute bestimme ich, was im Fernsehen läuft!

Hilfe, bitte einen Käfig, schnell!

Auf den Feldern von Bauer Willy wachsen nicht nur Kraut und Rüben…

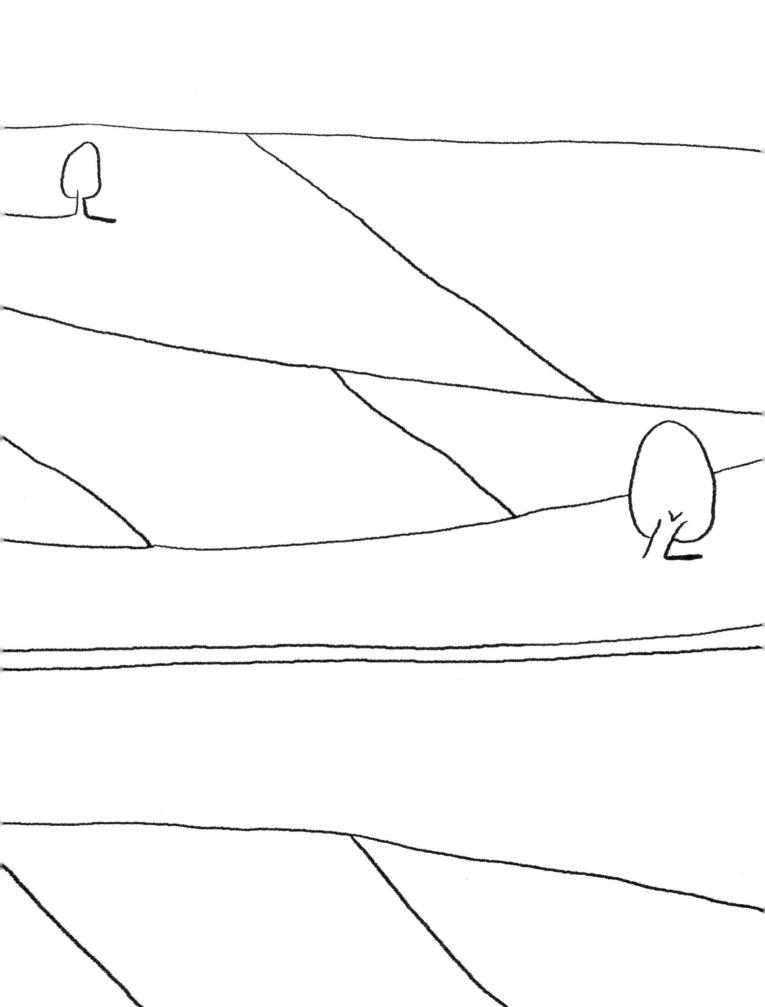

Marie will später mal Pilotin werden. Und du?

# Bei Vollmond verwandelt sich Günther, der Käfer, in ...

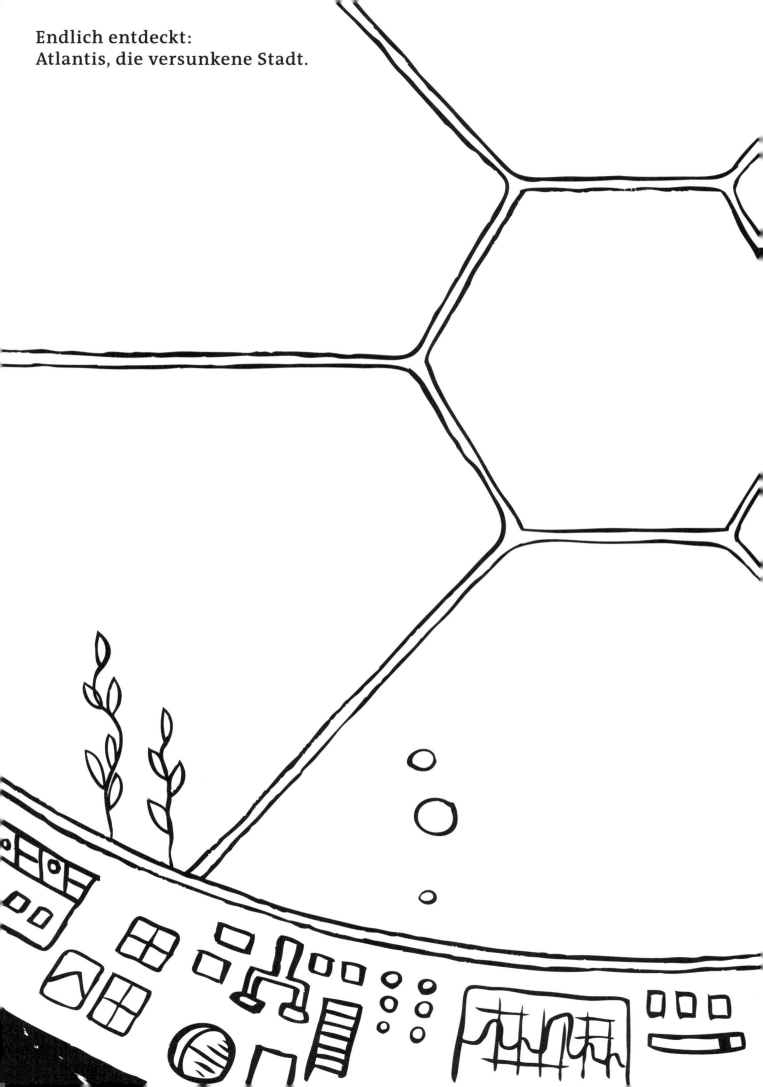

Endlich entdeckt:
Atlantis, die versunkene Stadt.

Was machst du im Schnee am liebsten?

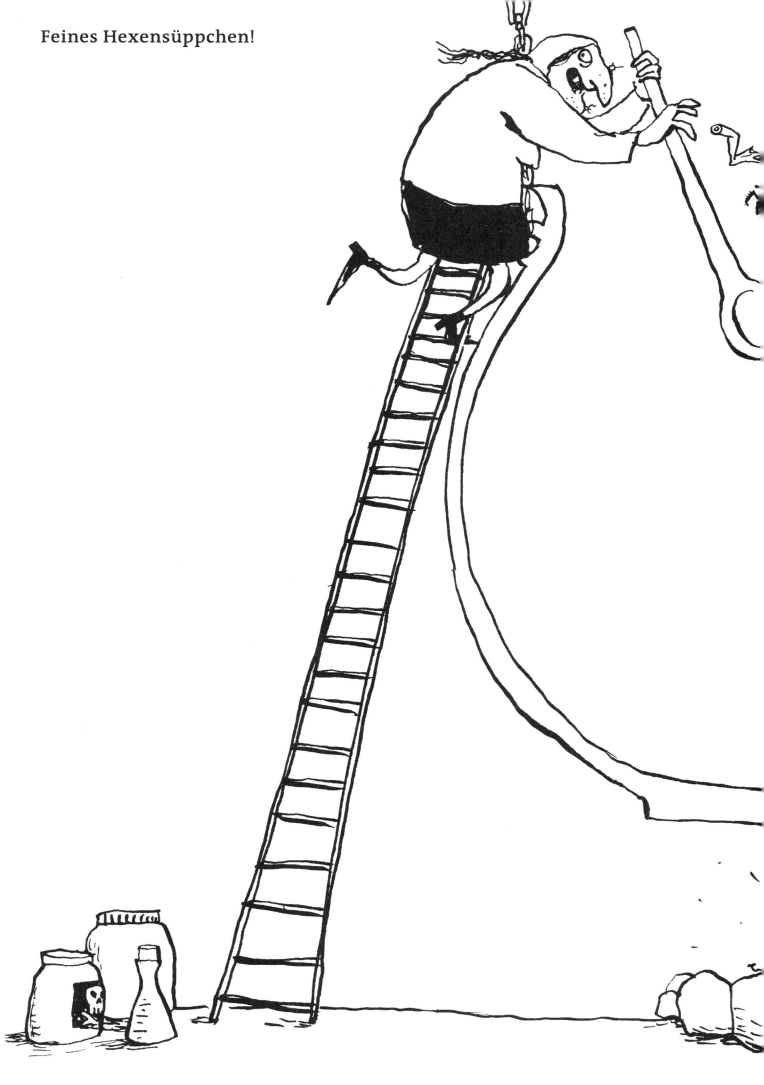
Feines Hexensüppchen!

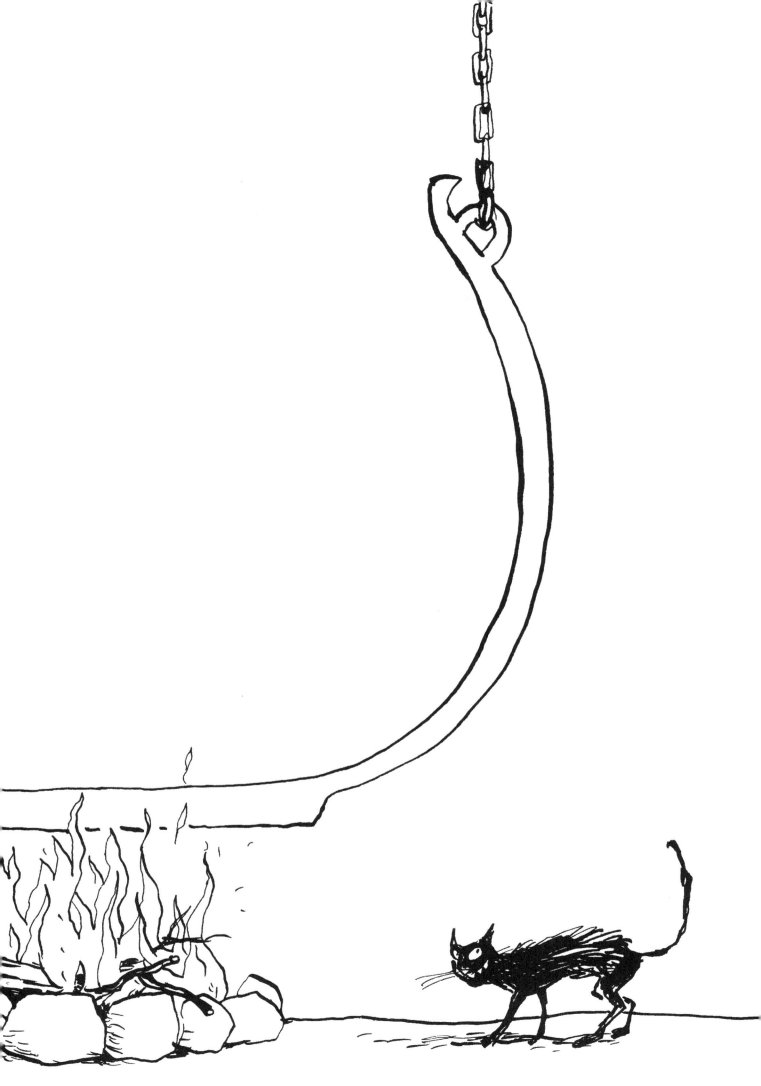

Was fliegt denn da?

LÄUSEALARM!

Mit wem wippt Bruno?

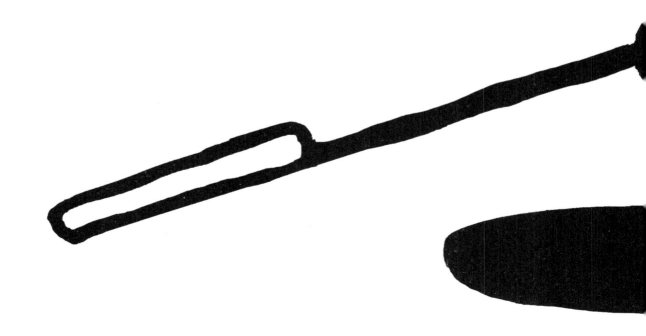

Goldfisch ist umgezogen. Kannst du ihm beim Einrichten helfen?

Und welches Schild wünschst du dir?

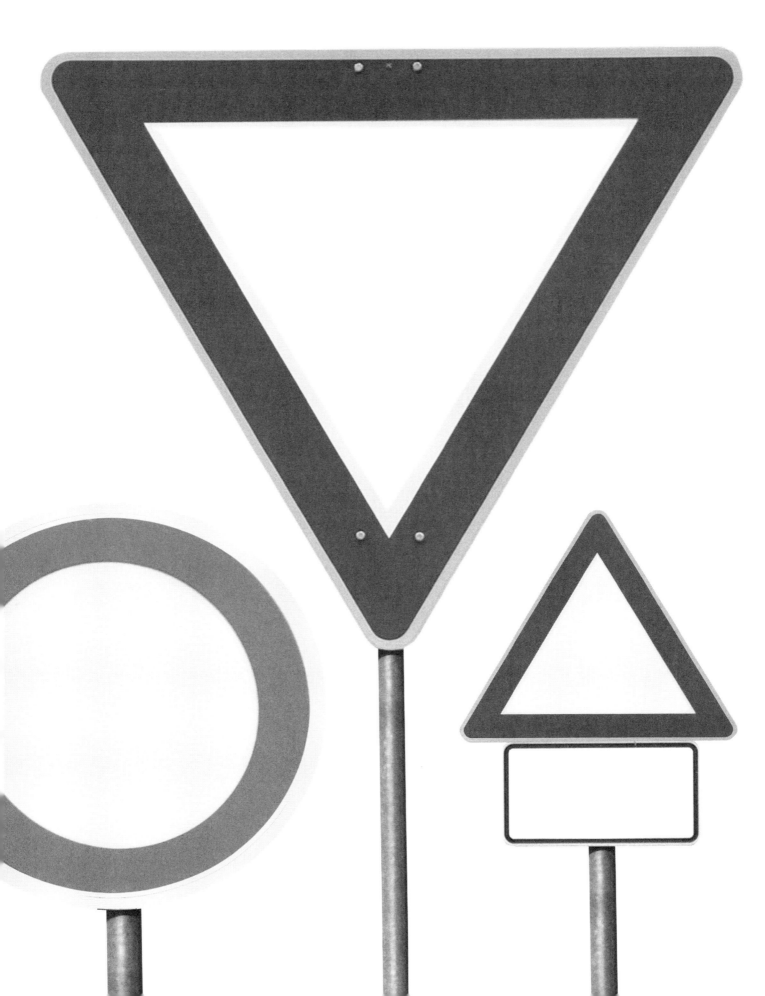

Mein Haustier!

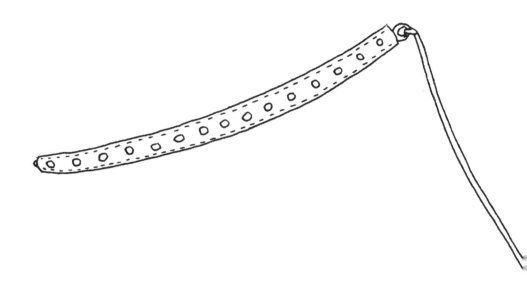

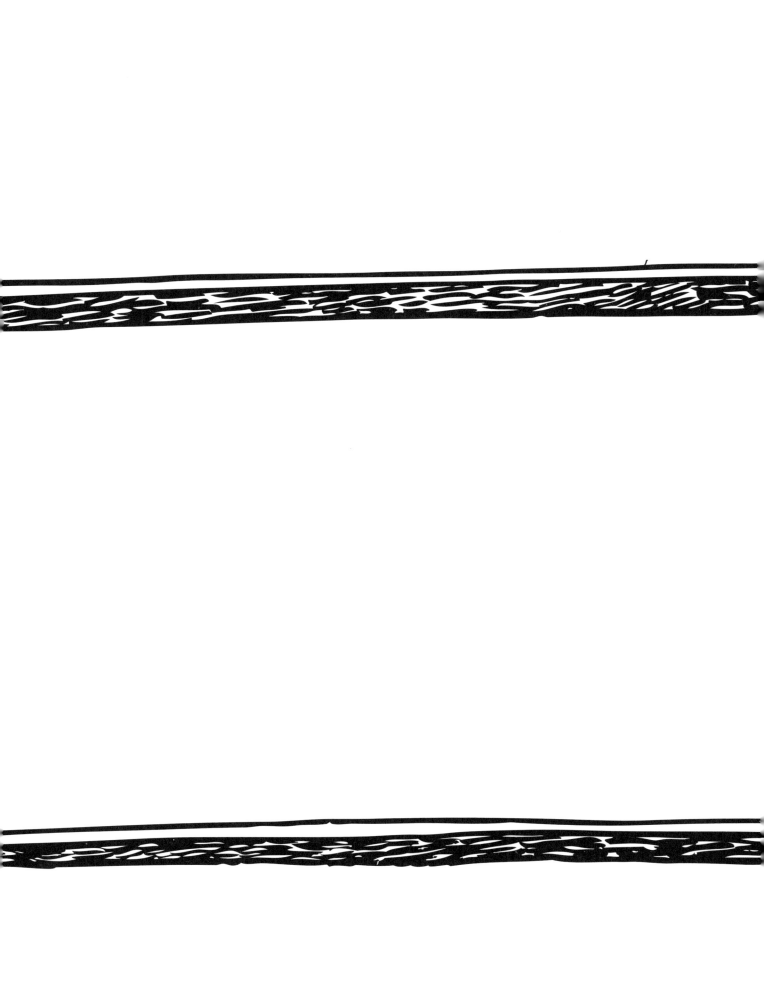

WER WAR DAS!?!

Was für eine wilde Rockband!

Die Prinzessin ist entsetzt! Dieses Scheusal soll sie heiraten?

Was ist der Spinne ins Netz gegangen?

So sehen Sieger aus!

Tolles Raumschiff!

Rudis tollstes Geburtstagsgeschenk!

Und sein doofstes.

Eine Postkarte aus der Südsee.

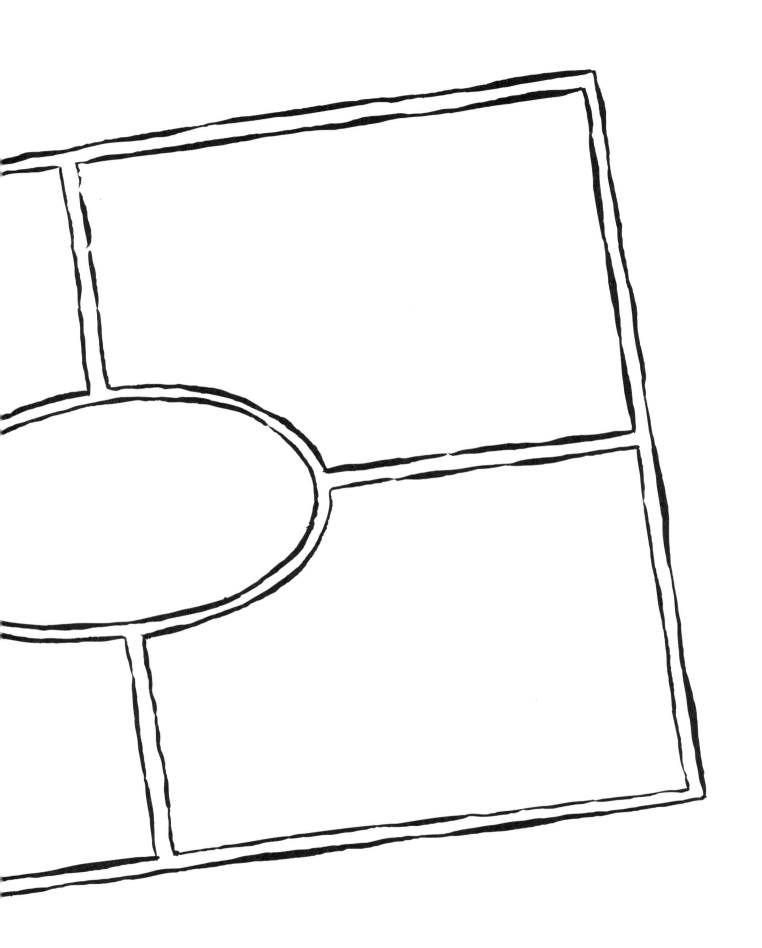

Was bereitet Herrn W. solche Bauchschmerzen?

# MANCHMAL HAB ICH WUT!

Blitzdonnerwetternochmal! Wo ist meine Mannschaft?

Wubelhotze sind sehr dick und haben ein einziges, grünes Auge.

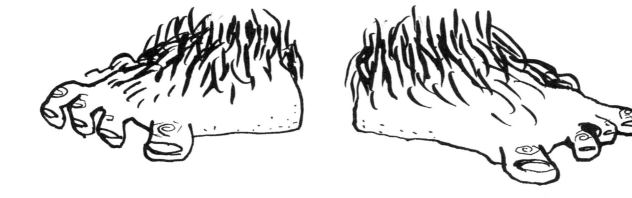

Bärpelchen dagegen sind ganz zart, klein und gelblich.

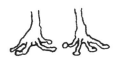

# Das find ich lecker!

# Das find ich eklig!

Brr, ist das kalt. Was kann man da bloß machen?

# Der Fang meines Lebens.

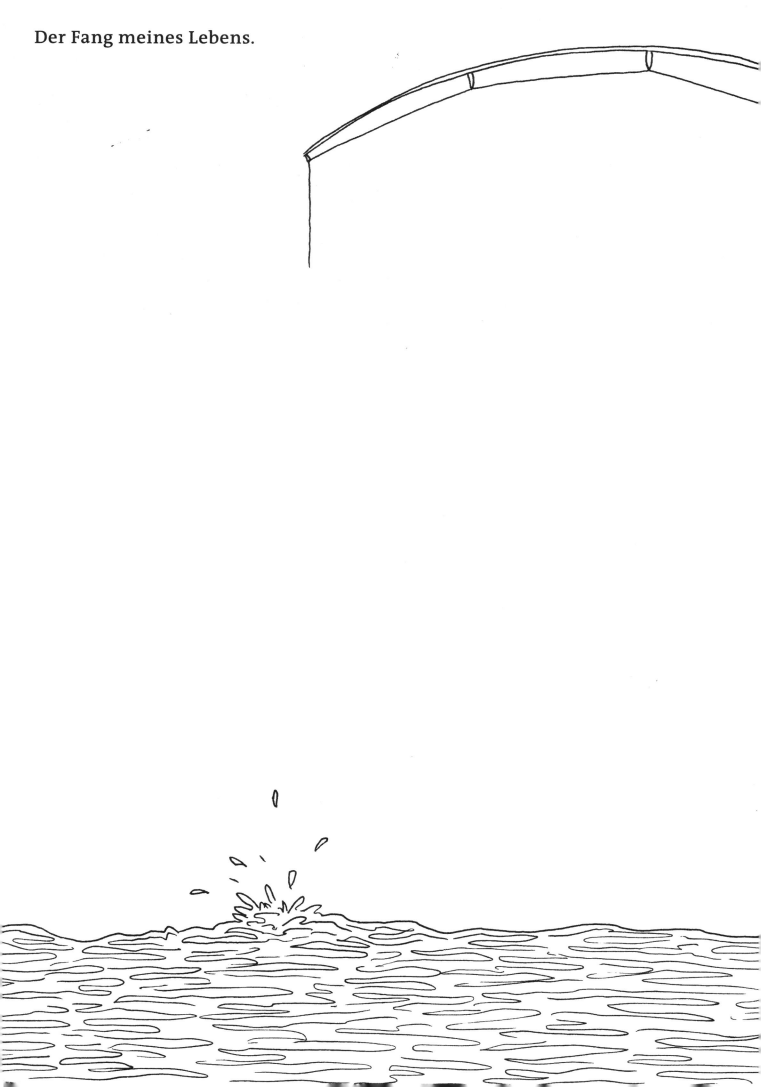

Ali träumt vom Fliegen.

Nasenparade!

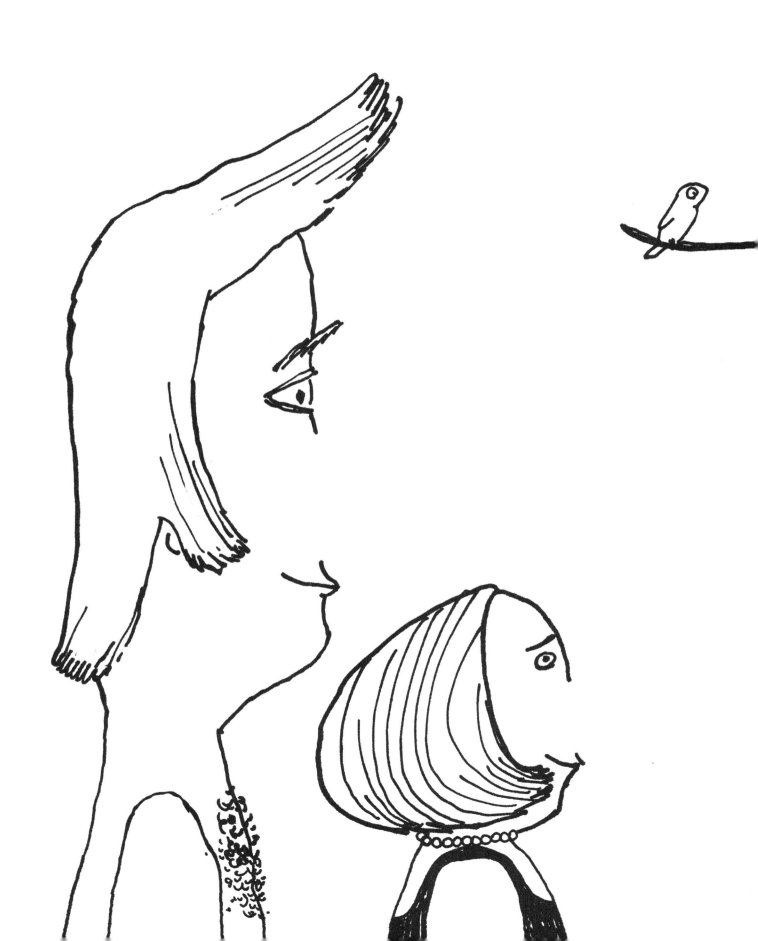

Mein Traumhaus.

# LABOR

www.laborproben.de

Das LABOR ist eine Ateliergemeinschaft in Frankfurt am Main.
Seit 1999 arbeiten hier – mal einzeln, mal zusammen:

**KIRSTEN TABINSKI,** Jahrgang 1973, lebt mit ihrem Mann, ihren Töchtern Lotte und Milla und deren Gespenstschrecken in Frankfurt am Main und ist mit Zuni Fellehner das Designteam VON ZUBINSKI. Kirsten hatte in ihrem Leben schon mal blaue, rote und weiße Haare. Heute ist sie blond.

**ZUNI FELLEHNER,** geboren 1975, wollte als Kind Lasterfahrerin oder Seiltänzerin werden. Sie findet Kätzchen süß, gruselt sich aber vor den Gespenstschrecken von Kirsten. Zuni kann italienisch, lernt Karate und kocht die besten Spaghetti im LABOR.

**CHRISTOPHER FELLEHNER,** Jahrgang 1971, singt gerne, spielt Ukulele und Gitarre und lernt gerade Klavier. Blockflöte mag er auch gern. Zusammen mit seiner Frau Zuni Fellehner lebt er in Frankfurt am Main. Er ist Mitbegründer der Spielzeugagentur NEUE FREUNDE.

**ANKE KUHL,** Jahrgang 1970, hat mit Philip Waechter 1999 die Ateliergemeinschaft LABOR ins Leben gerufen. Was für ein Glück! Sie liebt Molche, Schweine und griechischen Tanz und hat bereits viele Bücher veröffentlicht.
Sie lebt mit ihrem Mann und ihren beiden Kindern Lasse und Julie in Frankfurt am Main.

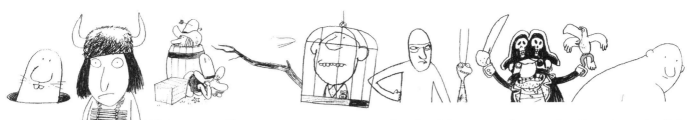

**JÖRG MÜHLE,** Jahrgang 1973, wollte, als er klein war, Zoologe werden. Heute ist er ziemlich groß und illustriert Kinderbücher. Seine Hobbys sind lesen, ins Museum gehen und Frankreich. Er lebt mit seiner Freundin Natascha Vlahović in Frankfurt am Main oder reist mit ihr um die Welt.

**MONI PORT,** geboren 1968, ist leider allergisch gegen Katzen, malt aber sowieso lieber Rotkehlchen, Amseln und Elefanten. Manchmal zeichnet sie aber auch traurige Fußballer. Als Kind einer Winzerfamilie hat sie sich bis zu ihrem 18. Lebensjahr fast ausschließlich von Trauben ernährt. Sie ist die Frau von Philip Waechter und die beiden haben zusammen einen Sohn.

**NATASCHA VLAHOVIĆ,** geboren 1971, verbrachte als Kind ihre Sommerferien fast immer auf Inseln mit unaussprechlichen Namen wie Krk, Hvar, Cres oder Brač, wo sie im Gegensatz zu ihrer Familie niemals in Seeigel trat. Sie mag Hunde lieber als Katzen, zeichnet aber auch gerne Schwäne. Sie lebt mit Jörg Mühle in Frankfurt am Main.

**PHILIP WAECHTER,** geboren 1968, wollte als Kind gerne Profi-Fußballer werden – daraus wurde aber nix. Außerdem angelt er gern. Fängt aber selten was. Beim Schnorcheln hat er schon mal einen echten Leopardenhai gesehen. Auch er hat bereits zahlreiche Bücher veröffentlicht und lebt mit seiner Frau Moni Port und ihrem gemeinsamen Sohn Johann in Frankfurt.

**CLAUDIA WEIKERT,** Jahrgang 1969, wollte als Kind Tierärztin werden. Heute illustriert sie nicht nur Kinderbücher, sondern kann auch prima Schlittschuhlaufen. Sie lebt mit Mann und Tochter Frida und der braunen Katze Max in Wiesbaden. Sie ist die einzige im LABOR, die mit den Ohren wackeln kann.

ISBN 978-3-407-79974-6

ISBN 978-3-407-79988-3

»Buch schenken, Buntstifte suchen und Bauklötze staunen über die Kreativität Ihrer Kinder!«
*Leben & Erziehen*

»Kreativ, innovativ, fantasievoll – so schön war noch kein Mitmachbuch, vor allem, wenn es in dem neuen Künstlerbuch auch ans Schneiden, Kleben und Rätseln in jeder Form geht – mehr Mitmachen geht nicht!«
*All4family*

»Langeweile ade! Mit den kreativen Künstler-Büchern ist ihr Kind für Stunden beschäftigt. Vielfältig, witzig und etwas abgedreht.«
*TV Star*

Dank an Barbara Gelberg, die die Idee zu diesem Buch hatte

www.beltz.de
© 2009 Beltz & Gelberg
in der Verlagsgruppe Beltz · Weinheim Basel
Alle Rechte vorbehalten

**Redaktion:**
Barbara Gelberg
Neue Rechtschreibung

**Umschlaggestaltung:**
Moni Port unter Verwendung von Bildern von Philip Waechter

**Innengestaltung:**
von Zubinski

**Druck und Bindung:**
Beltz Druckpartner GmbH & Co. KG, Hemsbach
Printed in Germany

ISBN 978-3-407-79396-6
10 11 12 14 13 12